RÉGLEMENT

POUR

LE PILOTAGE

DANS LE SOUS-ARRONDISSEMENT MARITIME DE NANTES.

NANTES,

J. FOREST, LIBRAIRE,

QUAI DE LA FOSSE, 2.

—

1843.

NANTES, IMPRIMERIE DE FOREST.

RÉGLEMENT
POUR LE PILOTAGE

DANS

LE SOUS-ARRONDISSEMENT MARITIME DE NANTES.

CHAPITRE PREMIER.

SERVICE EXTÉRIEUR.

Pilotes de l'embouchure de la Loire.

ARTICLE PREMIER. Les pilotes de l'extérieur seront au nombre de 59, et distribués comme ci-dessous :

A BELLE-ILE	20	
Au CROISIC	6	
Au POULIGUEN	1	
A SAINT-NAZAIRE	24	
Dans la baie de BOURGNEUF	3	dont deux résidant à la BERNERIE et un à PORNIC.
A PENERF	1	
A PÉNESTIN	1	
A TRÉHIGUIER	1	
A REDON	2	
	59	

Ce nombre pourra être modifié pendant la durée du réglement, si cela est jugé nécessaire pour les besoins du service, sauf l'approbation du Ministre, conformément à l'article premier du décret du 12 décembre 1806.

Outre les pilotes ci-dessus désignés, ceux de l'Herbaudière *(Ile de Noirmoutier)* concourront, à partir du Pilier, au pilotage de l'entrée en Loire, des bâtiments qui se présenteront par la passe du sud.

1

La station de BELLE-ILE, sera divisée en quatre sections, composées et réparties comme suit :

A GOULFAR,	7 Pilotes,	2 Aspirants.
A LOCMARIA,	6 —	1 —
Au PALAIS,	2 —	1 —
A SAUZON,	5 —	1 —

ART. 2. Il y aura également des aspirants pilotes dont le nombre ne pourra excéder, dans chaque station composée d'au-moins quatre pilotes, le quart de celui desdits pilotes, et qui seront destinés à seconder ceux-ci et à les remplacer.

Les marins admis à servir en qualité d'aspirants, devront avoir subi le même examen que les pilotes.

Afin de pourvoir, selon les besoins du service, au remplacement des aspirants appelés aux fonctions de pilotes, par suite de décès, de retraite ou de renvoi, il sera reçu dans les chaloupes des élèves ou garçons pilotes, qui seront admis à y naviguer sur l'ordre ou avec l'autorisation du chef supérieur du pilotage. Leur nombre sera réglé et maintenu par lui et ne pourra excéder celui des aspirants faisant fonction de pilotes. Leur salaire sera le même que celui des aspirants, et leurs fonctions celles affectées jusqu'à ce jour aux garçons de chaloupe.

Ils concourront à l'examen d'aspirants au fur et à mesure des vacances, en se conformant aux prescriptions du réglement organique du pilotage.

Les examens pour l'admission des pilotes des stations du Croisic, du Pouliguen et de Saint-Nazaire, auront lieu à Nantes.

ART. 3. Un pilote major est établi à Saint-Nazaire.

Des Chaloupes.

ART. 4. Les pilotes de Saint-Nazaire sont tenus d'avoir six chaloupes en bon état, toujours à flot et exclusivement employées au service du pilotage extérieur.

Autant que les circonstances le permettront, le service des chaloupes sera réglé à tour de rôle et établi ainsi qu'il suit :

Une croisera continuellement de la BANCHE au PILIER, et deux du nord du FOUR à la BANCHE.

Une sera affectée à recueillir les pilotes aspirants et pratiques qui sortent les navires.

Deux croiseront au large de Belle-Ile, tant à l'ouest qu'au sud de l'île.

En outre des six chaloupes destinées au service extérieur, les pilotes devront avoir une embarcation pontée et convenable, qui sera exclusivement affectée au service entre Saint-Nazaire et Paimbœuf.

Si dans le délai de trois mois, à partir de la mise à exécution du présent réglement, les pilotes n'ont pas fait construire cette embarcation, le pilote major pourra être autorisé par M. le chef du service de la marine à Nantes, à faire une retenue de dix pour cent sur le produit de chaque pilotage, jusqu'à concurrence de la somme nécessaire.

Le nombre de chaloupes fixé ci-dessus pourra être augmenté si les besoins du service l'exigent.

Art. 5. Les pilotes ne seront spécialement affectés à aucune chaloupe. Ceux qui devront et ceux qui voudront aller dehors, pourront donc s'embarquer dans la chaloupe de tour ou dans celle qui leur sera désignée par le pilote major.

Art. 6. Toute chaloupe une fois admise au service du pilotage, y sera exclusivement affectée; les propriétaires devront les entretenir, ils ne pourront, dans aucun cas, s'opposer aux ordres donnés pour le service, et ils n'auront d'autre droit que celui de désigner, parmi les garçons admis par le chef supérieur du pilotage, celui auquel ils voudront confier le soin de ladite chaloupe.

Art. 7. Toute chaloupe qui sera construite à l'avenir pour le pilotage de la station de Saint-Nazaire, ne pourra jauger moins de quinze tonneaux.

Art. 8. Au fur et à mesure du remplacement des chaloupes de Saint-Nazaire, elles devront être construites aux frais de tous les pilotes de cette station, et pour arriver à ce but, il pourra être fait, sur les salaires desdits pilotes, une retenue dont le chiffre sera fixé par M. le chef du service de la marine à Nantes.

Les chaloupes deviendront ainsi la propriété du pilotage. Néanmoins, lors du décès ou du renvoi d'un pilote, la part qui lui appartiendra sera remboursable aux ayant droit, par le pilote qui lui succédera. La valeur desdites chaloupes sera; en conséquence, estimée au moment où le remplaçant entrera en fonctions, et, si celui-ci ne peut s'acquitter immédiatement, il lui sera fait, par le pilote major, une retenue de dix pour cent sur tous ses gains, jusqu'au parfait paiement de la somme due.

Si le nombre des pilotes augmente, chaque pilote entrant devra tenir compte à la masse de la part à laquelle il aura droit dans la propriété des chaloupes appartenant au pilotage.

Dans les cas spécifiés plus haut, l'estimation des chaloupes sera faite par le pilote major et deux experts choisis contradictoirement par les parties.

Art. 9. Lorsqu'une chaloupe appartiendra au pilotage, le

pilote major ordonnera les réparations et nommera le garçon et le mousse. Il tiendra, en conséquence, la liste, par ordre d'inscription, de tous les jeunes gens qui prétendront à ces emplois et se destineront à la profession de pilote.

Art. 10. Les pilotes des autres stations seront tenus d'avoir des chaloupes de la plus grande dimension possible d'après leur localité, et susceptibles d'aborder les navires en tout temps. La moitié de ces chaloupes croisera pendant le jour au large du point de départ, l'autre moitié sera à flot, en état d'aller, au premier signal, au secours des bâtiments qui manifesteraient des besoins.

Art. 11. Les pilotes de Belle-Ile sont tenus d'avoir de plus, dans chaque station, une bonne yole ou baleinière pour la mise à bord des pilotes, lorsque, par force majeure, les chaloupes se trouveront échouées.

Marques distinctives.

SIGNAUX.

Art. 12. Il est expressément ordonné que les chaloupes de toutes les stations extérieures portent les marques distinctives ci-dessous, qu'il est défendu de modifier.

1° Peinture extérieure noire avec ceinture blanche, de quinze centimètres de largeur, à la distance de quinze centimètres du plat bord.

2° Il sera peint dans chaque voile au-dessus de la bande du premier ris, la lettre initiale du nom de la station et le numéro indiqué par le commissaire de l'inscription maritime. La même lettre et le même numéro seront inscrits à l'arrière de leur chaloupe (*Décret du* 12 *décembre* 1806, *art.* 13).

3° Sur un bâton hissé au grand mât, un pavillon blanc bordé de bleu, de un mètre vingt centimètres sur un mètre trente centimètres, dont la bordure aura vingt centimètres de largeur.

Ledit pavillon devra rester déployé tant que les chaloupes seront dehors, même si elles sont à l'ancre.

Pour appeler les pilotes pendant le jour, les navires porteront le même pavillon, ou, à défaut, le pavillon national au mât de misaine. Pendant la nuit, ils hisseront un feu.

Obligations des Capitaines.

Art. 13. Le capitaine sera tenu de recevoir un pilote de la première chaloupe qui se présentera, quelle que soit la station à laquelle elle appartienne. Il devra prendre le pilote de tour.

Si plusieurs chaloupes abordent en même temps un navire, le capitaine sera tenu de prendre le pilote le plus ancien en exercice, mais si dans le nombre de ces chaloupes il y en avait une de Belle-Ile, il devra prendre son pilote dans celle ci, pour le conduire à la limite de cette station, ou lui payer son pilotage en entier.

Art. 14. En cas de refus ou de fausse manœuvre de la part du capitaine pour éviter de recevoir un pilote, il sera tenu de payer le pilotage du lieu où ledit pilote se sera présenté, et comme s'il avait été piloté.

Art. 15. A défaut de pilote ou d'aspirant, le capitaine pourra prendre un pratique ou un pêcheur, qui sera payé comme les pilotes jusqu'à la limite de la station dans laquelle il aura abordé le navire, et même au-delà de cette station et à proportion de la distance parcourue, s'il n'est relevé qu'après l'avoir dépassé. Le pratique perdra ses droits si, pendant sa présence à bord, il ne fait maintenir le signal pour appeler les pilotes.

ENTRÉE EN LOIRE.

Division du service et Salaires.

Art. 16. Les pilotes sont tenus d'aller au devant des bâtiments qui viennent de la mer, en se conformant aux prescriptions du réglement. En cas de besoin, et sauf les réserves établies par l'article 50, ils ont la faculté de relâcher avec leurs chaloupes dans tous les ports et rades du continent et des îles voisines.

Art. 17. Les pilotes de Belle-Ile, du Croisic, de l'Herbaudière et du Pouliguen sont chargés, sous les réserves et aux conditions ci-après, avec les pilotes de Saint-Nazaire, de la conduite des bâtiments, à leur entrée en Loire jusqu'à Saint-Nazaire.

1° Aussitôt leur arrivée à bord, les pilotes de Belle-Ile, du Croisic et du Pouliguen, devront faire arborer, s'il ne l'est déjà, le signal pour appeler le pilote de Saint-Nazaire, dont ils devront faciliter l'abordage par une manœuvre convenable. Ils maintiendront ce signal jusqu'à Pierre-Percée. Outre ledit signal, les pilotes de Belle-Ile, du Croisic et du Pouliguen qui aborderont, avant tous les autres, un bâtiment faisant route pour la Loire, feront déployer un pavillon à eux particulier, ou un second pavillon ou guidon quelconque, au-dessous de celui du navire, pour prévenir de leur présence à bord et éviter que d'autres pilotes que ceux de Saint-Nazaire se présentent pour les relever. Les pilotes de l'Herbaudière sont dispensés de cette obligation; ils ne pourront être démontés par un pilote de Saint-Nazaire que du consentement du capitaine ou que s'ils ont fait arborer les signaux.

2° Quel que soit le point où ils prendront le pilote de Saint-Nazaire, les pilotes de Belle-Ile, du Croisic et du Pouliguen seront tenus de lui remettre la conduite du bâtiment dès qu'ils auront atteint la limite du Four à la Banche ou de la Banche au Pilier; à défaut de pilote de Saint-Nazaire, ils continueront eux-mêmes le pilotage.

3° Le pilotage leur sera dû jusqu'aux Charpentiers, quelque soit le point où ils auront été relevés avant cette limite, et jusqu'au point où ils seront abordés, s'ils ne sont relevés qu'après l'avoir dépassée.

Si, arrivés aux Charpentiers, ils n'ont pas été relevés par un pilote de Saint-Nazaire, ils continueront le pilotage jusqu'à Saint-Nazaire, et ne pourront plus être démontés par les pilotes de cette station que du consentement ou sur la demande du capitaine, ou que le signal a continué à flotter.

Art. 18. Le pilote de Saint-Nazaire qui abordera avant tout autre un bâtiment venant de la Loire, en conservera la conduite jusqu'à Paimbœuf.

S'il monte à bord après un autre pilote, il ne sera payé qu'à partir du Four ou du Pilier, quelque soit le point où il aura abordé le bâtiment en dehors de ces limites.

S'il prend la conduite du navire en dedans de ces limites, il ne sera payé que du point où il se sera présenté.

A défaut des pilotes de Belle-Ile, du Croisic, de l'Herbaudière, du Pouliguen et de Saint-Nazaire, ceux des autres stations, et après eux les pêcheurs ou pratiques pourront concourir au pilotage de l'entrée de la Loire.

Art. 19. Tout navire de quatre-vingts tonneaux et audessus, de jauge légale, est assujetti à l'obligation de prendre un pilote.

Les salaires, a l'entrée et à la sortie de la Loire, sont fixés conformément aux tableaux numéros 1 et 2.

Art. 20. Les pilotes du Croisic auront seuls la conduite des bâtiments qui sortiront de ce port.

Art. 21. Le pilote de Belle-Ile ou de Saint-Nazaire qui montera à bord d'un navire destiné pour le Croisic ou le Pouliguen, le conduira au nord du Four et sera payé jusqu'à cette limite, dans le cas même où, avant de l'atteindre, il serait, du consentement du capitaine, remplacé par un pilote du Croisic ou du Pouliguen.

Si, arrivé au nord du Four, il n'est pas relevé, il pourra, du consentement du capitaine, continuer sa route pour l'un ou l'autre de ces ports, jusqu'à ce qu'il soit relevé par un pilote du Croisic ou du Pouliguen. Il sera payé suivant un calcul proportionnel établi d'après les bases fixées par l'article 24.

Le pilote du Croisic qui abordera avant tout autre un bâtiment destiné pour le Croisic ou le Pouliguen, en conservera la conduite jusqu'à sa destination, si à l'entrée de ce dernier port le pilote de la localité ne se présente pas pour le relever.

Art. 22. Dès que, selon la destination du navire pour le Croisic ou le Pouliguen, le capitaine aura à bord un pilote du Croisic ou du Pouliguen, il sera libre de renvoyer celui de Belle-Ile ou de Saint-Nazaire qui aura commencé à le piloter, en lui tenant compte de son pilotage selon qu'il est expliqué à l'article précédent.

Art. 23. Si à bord d'un bâtiment destiné pour le Croisic ou le Pouliguen, un pilote du Croisic ou du Pouliguen remplace, du consentement du capitaine, avant la limite du Four, celui de Belle-Ile ou de Saint-Nazaire, il ne sera néanmoins payé qu'à partir de cette limite du Four.

Art. 24. Le prix du pilotage du Four au Croisic, et réciproquement, est fixé à six francs cinquante centimes par mètre de calaison, pour les bâtiments français et étrangers assimilés, et neuf francs soixante-quinze centimes pour les étrangers non assimilés. Ce prix sera de huit francs vingt-cinq centimes par mètre pour le pilotage d'Hœdic ou du Morbihan au Croisic, et réciproquement, pour les navires français et étrangers assimilés, et de moitié en sus pour les bâtiments non assimilés.

Art. 25. Tout bâtiment, quelque soit son tonnage, qui n'aura pas de pilote à bord, sera obligé d'en prendre un à l'entrée et à la sortie du port du Croisic, si son tirant d'eau est de deux mètres soixante centimètres.

La rétribution à payer au pilote sera de deux francs par mètre.

Art. 26. Le pilote du Pouliguen aura seul l'entrée et la sortie des bâtiments de ce port.

Art. 27. Le prix du pilotage du Four au Pouliguen, et réciproquement, est fixé à sept francs par mètre, pour les bâtiments français et étrangers assimilés, et à dix francs cinquante centimes par mètre pour les bâtiments non assimilés.

Ce prix sera de huit francs soixante-dix centimes pour le pilotage d'Hœdic ou du Morbihan au Pouliguen, et réciproquement, pour les navires français et étrangers assimilés, et de moitié en sus pour les bâtiments non assimilés.

Art. 28. Tout bâtiment, quel que soit son tonnage, sera tenu de prendre un pilote à l'entrée et à la sortie du port du Pouliguen, si son tirant d'eau est de deux mètres trente centimètres.

La rétribution à payer au pilote sera de deux francs par mètre.

Art. 29. Le pilotage pour la sortie ou l'entrée de la Vilaine, sera payé de Belle-Ile à l'île du Met, le même prix que de Belle-Ile au Four, et de l'île du Met au Tréhiguier, même prix que du Four à Mindin, et réciproquement (*Tarif n° 6*).

Art. 30. Les pilotes de Pénerf, de Pénestin et de Tréhiguier, seront spécialement chargés de la conduite des bâtiments qui entreront dans la Vilaine et pourront les conduire jusqu'à Redon; toutefois, si un pilote de cette station se présente au-dessus de la Roche-Bernard, la conduite du navire lui sera confiée et le pilotage de chacun sera payé à raison de la distance parcourue.

Art. 31. Les pilotes de Redon seront seuls chargés de la conduite des navires à la descente jusqu'à Tréhiguier; de ce point en dehors, le pilotage sera fait par les pilotes de Tréhiguier et de Pénestin.

Art. 32. Le pilotage, à l'entrée et à la sortie de la Vilaine, sera payé conformément aux tarifs numéros 5 et 6.

BAIE DE BOURGNEUF.

Art. 33. Les limites de la baie de Bourgneuf s'étendent de la pointe de Saint-Gildas au Pilier et du Pilier à la pointe de l'Herbaudière (*Ile de Noirmoutiers*).

Art. 34. Le pilotage de cette baie sera payé comme suit: (*Tarif n° 7*).

1° De Paimbœuf ou Mindin à l'entrée de la baie, même prix que de ces points au Pilier, selon le lieu de départ.

2° Du Pilier ou de l'entrée de la baie de Bourgneuf, Bouin, Beauvoir ou Fromentine, même prix que de Paimbœuf au Pilier.

Du Pilier ou de l'entrée de la baie à Pornic, même prix que de Mindin au Pilier.

3° De Pornic à Beauvoir ou Fromentine, même prix que de Paimbœuf au Pilier.

De Pornic à Bourgneuf, Bouin ou le Bois-de-la-Chaise, même prix que de Paimbœuf à Mindin.

4° Pour les bâtiments mouillés sur les rades de Pornic, Bourgneuf et Bouin qui demanderont un pilote pour entrer dans ces ports, il sera payé trois francs par mètre de calaison.

Art. 35. Les pilotes de la Bernerie et de Pornic auront seuls la conduite des bâtiments destinés pour Pornic, Bourgneuf, Bouin, Beauvoir ou Fromentine, s'ils se présentent à bord pour relever, à leur entrée dans la baie, les pilotes des autres stations extérieures.

Ils seront aussi exclusivement chargés de la sortie des ports sus-mentionnés.

SORTIE DE LA LOIRE.

Art. 36. Les pilotes de Saint-Nazaire sont spécialement chargés, à tour et à rang, de la conduite des bâtiments qui sortent du fleuve. Ils auront, en conséquence, à se faire inscrire, au fur et à mesure de leur arrivée à Paimbœuf.

Leur sortie, pour aller en mer au-devant des bâtiments, se fera en concurrence, en se conformant aux dispositions du Réglement, ou sur l'ordre du pilote-major, lorsqu'il le croira utile pour le service.

Art. 37. Le pilote de tour de Saint-Nazaire qui sera désigné pour appareiller un bâtiment destiné à prendre la mer, le conduira jusqu'aux Charpentiers. Si le capitaine exige qu'il dépasse cette limite, on lui paiera le prix fixé pour la station du Four ou du Pilier, suivant la passe par laquelle il sortira.

Art. 38. Si du fait du capitaine, le pilote était contraint de rentrer le navire après avoir passé les Charpentiers, les pilotages de sortie et de rentrée lui seront acquis. En cas de force majeure il n'aurait droit qu'à la moitié desdits pilotages. Il ne lui sera rien dû, s'il n'a pas atteint les Charpentiers.

Art. 39. Le capitaine qui, par des vents forcés ou autres causes imprévues de force majeure, ne pourrait mettre à terre son pilote ou le déposer dans une chaloupe, devra le rapatrier le plus tôt possible et sera tenu de lui payer des gages à raison de soixante francs par mois, jusqu'au moment où il sera de retour chez lui. Ledit pilote aura droit, pendant la campagne, à la ration d'officier-marinier; s'il est débarqué dans un port de France ou de l'Étranger et qu'il ne puisse être rapatrié par mer, il lui sera payé une conduite de un franc cinquante centimes par myriamètre.

Droits des Pilotes.

Art. 40. Tout pilote qui sera retenu à bord plus de vingt-quatre heures, soit sur la rade de Mindin, soit sur celle de

Paimbœuf, même en quarantaine, aura droit à une indemnité de deux francs cinquante centimes par jour et à la ration.

Art. 41. Tout pilote qui, pour cause de glaces, ou toute autre cause de force majeure, ne pourra conduire le navire en Loire et sera forcé de chercher un abri dans la rade de Quibéron, dans la rivière de Crac ou dans tout autre port de l'extérieur, aura droit à une indemnité de deux francs cinquante centimes par jour et à la ration pendant la relâche. Toutefois le capitaine sera libre de renvoyer son pilote en lui payant, en sus de son pilotage acquis, la conduite qui sera d'un franc cinquante centimes par myriamètre.

Dans les cas prévus par le présent article, le pilote n'aurait droit qu'à un seul pilotage pour chaque station, quand bien même, pour la sûreté du navire, ces stations auraient été plusieurs fois parcourues.

Art. 42. Tout pilote de Belle-Isle, du Croisic, de l'Herbaudière et du Pouliguen qui, après avoir piloté un navire, sera mis à terre à Saint-Nazaire, aura droit à une conduite qui est fixée à dix francs pour le pilote de Belle-Ile, neuf francs pour celui de l'Herbaudière et trois francs pour ceux du Croisic et du Pouliguen.

Art. 43. Le capitaine qui requerra une chaloupe, soit celle de son pilote, soit toute autre, paiera par jour, pendant le temps qu'il l'emploiera, trois francs cinquante centimes pour la chaloupe, deux francs à chaque matelot et un franc au mousse. Si la chaloupe n'est employée que pendant une marée, le prix sera de deux francs cinquante centimes pour la chaloupe, un franc cinquante centimes pour chaque matelot, et soixante-quinze centimes pour le mousse.

Pilote-Major ou Chef du Pilotage.

Art. 44. La surveillance du pilotage extérieur de la Loire est confiée, sous les ordres du directeur des mouvements du port de Nantes, à un pilote-major qui devra résider à Saint-Nazaire. Il sera nommé par M. le commissaire-général, chef du service de la marine, sur la proposition de M. le directeur du port et l'avis de la chambre de commerce.

Art. 45. Ledit pilote-major sera chargé de la police et de la direction à donner aux pilotes, tant pour leur envoi en mer au-devant des navires, que pour la sortie des bâtiments, et en général de tout ce qui aura rapport au service du pilotage.

Il sera alloué audit pilote-major, à titre d'honoraires, qu'il sera tenu de percevoir lui-même, un droit de trois pour cent sur le prix du pilotage d'entrée et de sortie de tous les bâtiments conduits par les pilotes de l'extérieur.

Art. 46. Ladite rétribution sera supportée, deux pour cent par le commerce et un pour cent par les pilotes. Le pilote-major aura, en conséquence, à ajouter deux pour cent au prix de chaque pilotage, dont le bulletin, pour être payable, devra être visé par lui, et il recevra des mains du pilote, au moment du visa, les trois pour cent qui lui sont alloués par l'article précédent.

Art. 47. Le bulletin pour le paiement du pilotage sera conforme au modèle annexé au présent, sous le n° 10.

Police.

Art. 48. Il est défendu au pilote de s'absenter d'un navire à l'ancre, pendant le jour, autrement que du consentement et avec la permission écrite du capitaine ou de l'officier qui le représente. Cette permission indiquera l'heure à laquelle le pilote devra être de retour à bord.

Art. 49. Dans aucun cas le pilote ne pourra être absent du bord pendant la nuit, à moins que le navire ne soit affourché.

Art. 50. En cas de relâche des chaloupes de Saint-Nazaire au Croisic ou au Pouliguen, les pilotes seront tenus de déclarer au syndic du lieu les motifs de leur relâche, et d'en réclamer un certificat de force majeure qu'ils remettront au pilote-major à leur retour.

Les chaloupes qui devront croiser dans la passe du sud, seront expédiées sur un ordre écrit du pilote-major, et les pilotes desdites chaloupes seront tenus de justifier à leur retour de l'exécution dudit ordre.

Art. 51. A moins de force majeure, il est interdit à la chaloupe en croisière dans la passe du sud, de relâcher ailleurs qu'à l'Herbaudière, ou tout autre point de l'île de Noirmoutier, avant d'avoir placé tous ses pilotes.

Bateaux à Vapeur.

Art. 52. Les bateaux à vapeur jaugeant quatre-vingts tonneaux et au-dessus sont soumis au pilotage comme les bâtiments à voiles, et paieront la moitié des prix qui sont appliqués à ceux-ci conformément à l'ordonnance du 10 août 1841.

Sont cependant exceptés de l'obligation de prendre des pilotes:

1° Les bateaux naviguant dans l'intérieur de la rivière ;

2° Ceux dits *paquebots*, faisant des voyages réguliers entre Nantes et d'autres ports quelconques et qui, pour s'exempter du pilotage, ont la faculté d'avoir à bord, et faisant partie de l'équipage, un pilote examiné *ad hoc*, en suivant le mode prescrit par l'article 3 du décret du 12 décembre 1806.

CHAPITRE DEUXIÈME.

SERVICE INTÉRIEUR.

Pilotes de l'intérieur de la Loire.

Art. 53. Le nombre des pilotes pour le service de la navigation intérieure de la Loire est fixé à cinquante.

Art. 54. Les pilotes peuvent établir leur domicile sur les deux rives du fleuve, depuis Nantes jusqu'à Paimbœuf où deux d'entr'eux devront résider ; un pilote devra aussi résider au Pellerin.

Art. 55. La surveillance de détail du pilotage intérieur sera confiée à un pilote-major établi à la Basse-Indre.

Ce pilote-major recevra et fera exécuter les ordres du chef des mouvements du port, tant pour le sondage des passes que pour la direction à donner aux pilotes, et généralement pour tout ce qui sera relatif au service du pilotage.

Il sera nommé par M. le commissaire-général, chef du service de la marine, sur la proposition de M. le directeur du port et l'avis de la chambre de commerce.

Art. 56. Les salaires du pilote-major de l'intérieur sont fixés à deux pour cent sur le montant de tous les pilotages de sa direction.

Il sera tenu de percevoir lui-même cette cotisation qui sera supportée moitié par les pilotes, moitié par le commerce. Il aura, en conséquence, un pour cent à ajouter aux prix de chaque pilotage dont le bulletin, pour être payable, devra être visé par lui, et il recevra deux pour cent des pilotes, de la main à la main au moment du visa.

Art. 57. Les bâtiments, de quatre-vingts tonneaux de jauge légale et au-dessus, et ceux quel que soit leur tonnage, au-dessous de quatre-vingts tonneaux de jauge, dont le tirant d'eau sera de deux mètres trente centimètres et au-dessus, seront assujettis à l'obligation de prendre les pilotes de l'intérieur, en montant et en descendant le fleuve.

Le prix du pilotage sera réglé comme suit :

1° D'après le tarif n° 3, pour les bâtiments de moins de quatre-vingts tonneaux faisant le cabotage et dont le tirant d'eau sera de deux mètres trente centimètres à trois mètres vingt-cinq centimètres.

2° D'après le tarif n° 4, pour les navires de quatre-vingts tonneaux de jauge légale et au-dessus.

Par exception, les bâtiments caboteurs de quatre-vingts tonneaux de jauge et au-dessus, lorsqu'ils seront sur lest, paieront le pilotage d'après le tableau n° 3.

Art. 58 Le tirant d'eau auquel les bâtiments pourront descendre la Loire, sera signalé au bureau des mouvements du port pendant les deux jours qui précéderont et les trois jours qui suivront celui des nouvelles et pleines lunes.

Art. 59. Le lamaneur chargé de la conduite d'un navire qui, pour monter on descendre le fleuve, exigera un appareil de tonnes, barges, gabares ou pontons, aura droit, outre le prix porté au tableau n° 4, à une indemnité de moitié en sus.

Les bâtiments remorqués ne paieront que les trois quarts du pilotage.

Art. 60. Tout pilote désigné pour conduire un bâtiment, sera tenu de rester pendant trois jours à la disposition du capitaine, Si, après ce temps, par une circonstance étrangère au pilote, le bâtiment manque la grande marée ou le gros d'eau, ledit pilote recevra, pour indemnité, le quart du pilotage auquel il aurait eu droit.

Art. 61. Celui qui, pilotant un navire, emploiera plus de trois jours à le conduire de Nantes à Couëron ou au Pellerin, et plus de six jours de Nantes à Paimbœuf, et vice-versà, sera payé à raison de deux francs cinquante centimes par jour excédant le temps déterminé par cet article. Le pilote n'aura pas droit à indemnité si le nombre de jours prévu ci-dessus n'a pas été dépassé, lors même que le navire aurait fait escale en route pour charger des marchandises ; mais dans ce dernier cas seulement le pilotage sera payé par escale.

Art. 62. Le capitaine d'un bâtiment remontant ou descendant la Loire est libre de renvoyer son pilote si, par un motif quelconque, il se trouve arrêté dans sa marche. Dans ce cas, il sera tenu de payer le pilotage jusqu'au point où le navire se trouvera.

Mais si le capitaine exige que le pilote soit à sa disposition pour le moment où il reprendra sa route, il devra payer audit pilote un franc vingt-cinq centimes pour chaque jour d'absence.

Art. 63. Il sera envoyé à Paimbœuf des détachements de pilotes.

Lesdits pilotes s'y feront inscrire et prendront rang au fur et à mesure de leur arrivée.

Ils seront tenus de piloter, selon leur rang d'inscription, les bâtiments dans l'ordre de leur entrée en Loire.

CHAPITRE TROISIÈME.

Dispositions générales pour le Pilotage intérieur et extérieur de la Loire.

Art. 64. Les pilotes de la station de Saint-Nazaire ont la conduite des bâtiments entrant, jusqu'à Paimbœuf; ils doivent aussi prendre au même point les bâtiments sortant du fleuve.

Les pilotes de l'intérieur sont spécialement affectés à la navigation entre Nantes et Paimbœuf.

Art. 65. Lorsqu'un pilote sera employé à bord d'un bâtiment, il y sera nourri ou recevra une indemnité de un franc cinquante centimes par jour pour lui tenir lieu de la ration.

Art. 66. Les pilotes sont tenus de pourvoir eux-mêmes à leur embarquement à bord, le navire devra les mettre à terre.

Si, à la montée, un pilote de l'extérieur est conduit au-delà des limites de sa station, le capitaine sera tenu de payer son passage de retour dans le bateau à vapeur.

Art. 67. Les prix fixés par les tableaux nos 1, 2, 3, 4, 5, 6 et 7 sont applicables à tous les bâtiments français et étrangers assimilés, astreints par la loi ou par conventions particulières à prendre un pilote, quelle que soit d'ailleurs la forme de la carène et de la mâture.

Art. 68. Il sera ajouté, par le pilote-major, un pour cent à chaque bulletin de pilotage établi d'après le présent réglement, afin de créer, selon le vœu de la chambre de commerce, un fonds de réserve destiné à donner des gratifications aux pilotes qui auront montré le plus de zéle, et des secours aux familles de ceux qui auront péri dans l'exercice de leurs fonctions.

Cette allocation sera payée par le commerce; le pilote-major de chaque station en fera la retenue aux pilotes et en versera le montant, tous les trois mois, à la caisse des gens de mer.

Les gratifications et secours seront alloués par M. le commissaire-général de la marine sur la proposition du directeur du port et l'avis de la chambre de commerce.

Art. 69. Les capitaines des navires étrangers non assimilés, de quelque forme et capacité que puissent être ces navires, paieront le prix fixé pour les bâtiments français et moitié en sus.

Les navires assimilés paieront les droits de pilotage sur le même pied que les bâtiments français, sans que le trésor doive indemniser les pilotes de la surtaxe, et il en sera de même pour tous les navires étrangers qui pourront être admis, par la suite à la faveur de l'assimilation (*Voir le tableau des nations assimilées*).

Art. 70. Lorsque la ligne de flottaison d'un bâtiment s'élevra au-dessus de la division marquée sur l'étrave ou l'étambot, le salaire du pilote sera payé d'après la division supérieure calculée de vingt en vingt centimètres.

Art. 71. Les prix fixés par le présent réglement, pour les navires français, sont applicables aux bâtiments de la marine royale, conformément à la lettre du ministre de la marine et des colonies, du 19 février 1803 (30 pluviose an XI).

Art. 72. Tout navire qui n'aura pas de pilote au moment convenable pour l'appareillage et qui aura eu le signal pour en appeler un depuis le moment de la basse mer, pourra être piloté par tout pilote ou aspirant-pilote, à quelque station qu'il appartienne, ou à défaut, par tout pratique qui consentira, sur la demande du capitaine, à le piloter.

Une fois monté à bord, il aura droit au pilotage, soit entier, s'il n'est abordé en route, soit proportionnel au chemin parcouru. Mais ce salaire ne pourra jamais être moindre du tiers du prix du pilotage de la première station, et, dans ce cas, ce paiement sera à déduire du pilotage entier.

Toutefois, celui qui aura piloté ne jouira de ces droits qu'autant qu'il aura maintenu le signal pour appeler un pilote de la station.

Art. 73. Tout pilote de l'intérieur qui, descendant un navire et rendu à Paimbœuf, se trouvera, à défaut de pilote de Saint-Nazaire, requis par le capitaine de continuer sa route, pourra adhérer à cette requête, et, dans ce cas, il sera soldé ainsi qu'il est dit à l'article 72.

Art. 74. Le pilote qui n'aura pas été soldé par le capitaine recevra de lui, aussitôt qu'il aura rempli ses fonctions, un bon de pilotage payable à présentation, à moins qu'il n'y ait des plaintes portées contre lui devant l'administration de la marine, ou une action intentée devant le tribunal.

Dans le cas où le pilote aurait été payé comptant, il devra

tenir compte au pilote-major des augmentations ordonnées par les articles 45, 56 et 68 du présent réglement.

Les courtiers des navires sont responsables des pilotages des navires étrangers à la Loire.

Art. 75. Le pilote est tenu de conduire le navire qui lui est confié sur la rade qui lui est désignée, et de l'y amarrer suivant l'usage de cette rade.

Si le lieu désigné est, soit les vases, soit les quatre amarres, il est tenu de remplir cette obligation et d'y amarrer le navire selon l'usage, sans augmentation de salaire.

Si le navire est mouillé ou amarré, soit aux quatre amarres, soit sur les vases, et qu'il doive monter la Loire ou se rendre à Saint-Nazaire, le pilote doit le prendre au point où il se trouve et le conduire au lieu désigné aux mêmes conditions.

Mais si le navire, mouillé sur la rade, soit pour opérer son chargement ou son déchargement, soit pour toute opération qui nécessite un séjour de plus de vingt-quatre heures, ces démarrages et amarrages seront, dans ce cas seulement, considérés comme mouvements distincts, payés comme suit, et confiés spécialement aux pilotes résidant à Paimbœuf.

A Saint-Nazaire et à Paimbœuf..	Navires de 170	tonneaux	et au-dessous,	10 f.
	— de 170	—	et au-dessus,	15
A Nantes et sur toutes les rades à l'intérieur	— de 170	—	et au-dessous,	6
	— de 170	—	et au-dessus,	9

Les étrangers non assimilés paieront moitié en sus.

Art. 76. Les bâtiments à vapeur de l'Etat paieront les mouvements de rade en raison de leur tonnage et suivant les prix fixés à l'article 75.

Pour leur mise à l'eau, l'entrée et la sortie de la gare d'Indret, ils paieront vingt cinq francs.

Art. 77. Tout changement de place ne peut être fait que par les pilotes pour les navires au-dessus de quatre-vingts tonneaux et pour une distance de plus d'une encâblure. Les bâtiments étrangers, quelque soit leur tonnage, devront prendre un pilote.

Art. 78. Tout pilote qui, ayant été désigné pour un navire, ne se sera pas rendu au jour indiqué, ou qui aura abandonné ce bâtiment pour en prendre un autre, sera puni conformément aux dispositions du décret du 12 décembre 1806.

Art. 79. Nul ne pourra remplacer un pilote s'il n'est pilote lui-même ou aspirant, et, dans ce cas, le changement ne pourra jamais s'opérer sans le consentement du capitaine.

Art. 80. Le capitaine qui, pour se soustraire au pilotage, aura fait une fausse déclaration de son tirant d'eau ou de son tonnage, sera tenu de payer au pilote qui se sera présenté à son bord pour le piloter, d'abord le pilotage acquis audit pilote par l'article 34 du réglement du 12 décembre 1806, et moitié en sus.

En cas de contestation, le pilote pourra exiger la preuve de la jauge légale.

Art. 81. Les gabares de la Loire servant d'alléges depuis Nantes jusqu'à Mindin, et réciproquement, ne sont point astreintes à prendre un pilote, quelle que soit d'ailleurs leur force, leur capacité ou leur tirant d'eau.

Art. 82. Attendu le peu de profondeur de quelques parties de la rivière et les inconvénients qui résultent journellement des échouements multipliés des caboteurs au-dessus de quatre-vingts tonneaux sur les passes, surtout lorsque le chenal a peu de largeur, les maîtres ou patrons des gabares et autres navires d'un tirant d'eau de plus de deux mètres trente centimètres, qui seront employées au cabotage de port à port, seront soumis à l'obligation imposée par l'article 57, quelque soit d'ailleurs leur tonnage.

Art. 83. Sous peine d'être révoqués, les pilotes sont tenus de se conformer aux ordres qui leur seront donnés par le pilote major de leur station respective.

Art. 84. Il est ordonné aux pilotes lamaneurs de se conformer au décret du 12 décembre 1806 et aux articles de l'ordonnance de la marine de 1681 (*Titre des Pilotes lamaneurs*), non abrogés par ce décret, en ce qui ne se trouve pas contraire au présent réglement.

CHAPITRE QUATRIÈME.

De la levée, de l'embarquement et du transport des Câbles et des Ancres.

Art. 85. Le salaire des bargers et chaloupiers qui seront employés à la levée et au transport des câbles et des ancres, est déterminé par les tableaux numéros 8 et 9.

La distance entre Paimbœuf et les Charpentiers n'offrant que quatre points d'ancrages pour les grands navires, on l'a divisé en quatre stations limitées par ces différents mouillages.

La première est fixée à l'île Saint-Nicolas.

La deuxième à la rade de Mindin ou de Saint-Nazaire.

La troisième à la Bonne-Anse.

La quatrième à la rade des Charpentiers, et réciproquement de cette rade à celle de Paimbœuf.

Art. 86. D'après les prix fixés par les tarifs, les bargers ou patrons de chaloupe chargés de la levée, embarquement et transport d'un câble, d'une chaîne ou d'une ancre, seront tenus de payer de leurs deniers le loyer des embarcations et journées de marins employés à l'opération pour laquelle ils auront été requis, quelle qu'en soit la durée.

Art. 87. Il est accordé le même prix pour embarquer un câble de deux cents mètres et au-dessus, que pour lever une ancre d'un poids correspondant au diamètre du câble. Mais si le câble n'est pas de deux cents mètres, la réduction aura lieu dans la proportion suivante :

De deux cents mètres à cent trente-trois mètres, on paiera les trois quarts de la somme portée au tarif.

De cent trente-trois mètres et au-dessous, on paiera les deux tiers.

Les chaînes sont assimilées aux câbles dans le rapport de un à quatre entre les diamètres.

Toutes les fois qu'une chaloupe de Saint-Nazaire sera requise de porter de ce lieu en Bonne-Anse ou aux Charpentiers, une ancre ou un câble, ou l'un et l'autre à la fois, il lui sera alloué moitié en sus des prix fixés aux tableaux numéros 8 et 9.

Art. 88. Le barger ou chaloupier qui prendra à terre un câble ou une chaîne, ou une ancre, ou l'un et l'autre, pour porter à bord d'un navire ou dans un lieu désigné, aura droit à la même rétribution que s'il les prenait au fond de l'eau, soit en rade, soit aux quatre amarres, les frais d'embarquement étant toujours à sa charge.

Art. 89. Les capitaines des bâtiments étrangers non assimilés, paieront les prix portés aux tableaux numéros 8 et 9, et moitié en sus.

CHAPITRE CINQUIÈME.

Du loyer des grandes et des petites Barges.

Art. 90. Le loyer des grandes et des petites barges destinées à servir les bâtiments dans l'intérieur de la rivière et sur les rades de Paimbœuf et de Mindin, est fixé par les articles ci-après.

Art. 91. La journée d'une grande barge est de vingt-quatre heures ou composée de deux marées; mais toute journée commencée est acquise.

Le patron d'une grande barge, montée de deux hommes, qui sera requis de se rendre à bord d'un bâtiment français ancré sur la rade de Paimbœuf, aux quatre amarres ou sur les vases, aura droit à sept francs cinquante centimes par jour, depuis le 1er avril jusqu'au 30 septembre de chaque année, et à neuf francs cinquante centimes par jour, depuis le 1er octobre jusqu'au 31 mars inclusivement.

Si l'équipage de la barge est composé de trois hommes, la journée sera alors de neuf francs cinquante centimes, depuis le 1er avril jusqu'au 30 septembre, et douze francs cinquante centimes pour le reste de l'année.

Art. 92. Le loyer d'une petite barge employée pendant le dérivage, soit en montant, soit en descendant la Loire de Nantes à Paimbœuf, et armée de trois hommes, sera de neuf francs cinquante centimes. Si elle n'est armée que de deux hommes, le prix sera de sept francs vingt-cinq centimes.

Le pilote sera tenu de fournir ou de procurer lui-même ladite barge, montée d'hommes valides et entendus

Mais si la barge n'est employée qu'au service journalier de la rade, soit à Paimbœuf, soit à Saint-Nazaire, et est armée de deux hommes, le loyer ne sera que de six francs soixante-quinze centimes; armée de trois hommes, il sera de huit francs vingt-cinq centimes par journée.

Art. 93. Les bargers auront la ration de l'équipage à bord de tous les bâtiments français pour lesquels ils seront requis. Si la chaudière n'est pas en activité, il sera alloué à chacun d'eux, une indemnité de un franc cinquante centimes par jour pour leur nourriture.

Art. 94. Les capitaines des navires étrangers non assimilés paieront aux patrons des grandes et des petites barges, les prix portés aux articles précédents et moitié en sus. Les bargers ont droit à la même ration que l'équipage du navire qu'ils servent.

Art. 95. En cas de sinistre ou de détresse, les patrons des grandes et des petites barges seront tenus de se rendre de suite à bord du bâtiment pour lequel ils auront été requis.

Ils mouilleront leurs embarcations pendant la nuit, en couple ou à peu de distance du navire, afin de pouvoir lui porter les secours dont il aurait besoin. Dans aucun cas ils ne doivent s'éloigner sans en avoir obtenu la permission.

Art. 96. Les bargers étant soumis à la même discipline que les pilotes, seront traduits, en cas de délits, devant l'autorité maritime, ou même devant le tribunal de police correctionnelle suivant la gravité des faits. Ils recevront les ordres du pilote, et les exécuteront ponctuellement.

Art. 97. Tout patron d'allège naviguant sur la Loire, depuis son embouchure jusqu'à Nantes (de quelque forme ou capacité que puisse être l'embarcation), est tenu de se porter de suite à bord du bâtiment oú l'on aura arboré le signal de détresse. Les marins qui s'y rendront ne pourront recevoir moins de deux francs et la nourriture, lors même qu'ils seraient congédiés avant la fin du jour de leur arrivée à bord.

Ils recevront du 1er octobre au 31 mars, trois francs, plus la nourriture, s'ils sont employés pendant la journée entière; laquelle nourriture sera composée de deux repas.

Les alléges seront payées dans la proportion suivante :

Les petites barges, deux francs soixante-quinze centimes par journée de vingt-quatre heures.

Les grandes barges et chaloupes de pilotes, trois francs cinquante centimes.

En cas de sinistre ou de détresse, les hommes qui travailleront seulement la nuit, recevront le prix de la journée et moitié en sus ; le salaire de ceux qui auront été employés pendant le jour sera double de celui de la journée s'ils passent la nuit.

Les embarcations d'un plus grand port, comme gabares, gabareaux, chaloupes de Méan et autres, seront payées eu égard à leur capacité, au temps qu'elles auront été employées et au service qu'elles auront rendus.

Les parties s'entendront pour l'indemnité qui devra être payée.

En cas de contestations entre le capitaine du bâtiment et les patrons des alléges, le tribunal de commerce prononcera ce qui devra être alloué.

Art. 98. Les pilotes devront être munis d'un exemplaire du présent réglement.

Toutes conventions faites en dehors des tarifs et des prix portés aux divers chapitres du présent réglement seront nulles et considérées comme non avenues.

TABLEAU N° 1.

Pour la sortie de la Loire.

CALAISON.		DISTANCE DE PAIMBOEUF															
		à Mindin.				aux Charpentiers.				au Pilier ou au Four.				à l'Ile-Dieu.			
		Prix à payer		3 % en sus.		Prix à payer.		3 % en sus.		Prix à payer.		3 % en sus.		Prix à payer.		3 % en sus.	
mètres.	cent.	F.	C.	F.	C.	F.	C.	F.	C.	F.	C.	F.	C.	F.	C	F.	C.
2	20 et au-dessous.	9	77	»	29	19	55	»	59	27	32	»	82	50	34	1	52
2	40	10	65	»	32	21	30	»	64	29	78	»	89	55	08	1	65
2	60	11	52	»	35	23	05	»	69	32	26	»	99	59	63	1	79
2	80	12	40	»	37	24	79	»	74	34	73	1	04	64	17	1	92
3	»	13	27	»	40	26	54	»	80	37	20	1	12	68	71	2	06
3	20	14	14	»	42	28	29	»	85	39	67	1	19	73	25	2	20
3	40	15	33	»	46	30	66	»	92	42	77	1	28	79	»	2	37
3	60	16	57	»	50	33	14	»	99	45	93	1	38	84	49	2	53
3	80	17	81	»	53	35	63	1	07	49	09	1	47	89	98	2	70
4	»	19	06	»	57	38	11	1	04	52	26	1	57	95	46	2	86
4	20	20	30	»	61	40	59	1	22	55	43	1	66	100	94	3	03
4	40	21	67	»	65	43	33	1	30	58	91	1	77	105	62	3	17
4	60	23	44	»	70	46	87	1	41	63	16	1	89	111	99	3	36
4	80	25	21	»	76	50	42	1	51	67	40	2	02	118	36	3	55
5	»	26	98	»	81	53	96	1	62	71	64	2	15	124	73	3	74
5	20	28	75	»	86	57	50	1	72	75	90	2	28	131	10	3	93
5	40	30	98	»	93	61	96	1	86	80	70	2	42	138	46	4	15
5	60	33	23	»	99	66	47	1	99	86	10	2	58	146	11	4	38
5	80	35	49	1	06	70	98	2	13	91	51	2	75	154	13	4	62
6	»	37	86	1	14	75	72	2	27	96	65	2	90	162	17	4	87
6	20	40	49	1	21	80	98	2	43	103	01	3	09	170	21	5	11
6	40	43	12	1	39	86	25	2	59	109	25	3	28	178	25	5	35

Nota. Les 3 p. % sont à ajouter aux prix à payer, conformément aux articles 46 et 68.

TABLEAU N° 2.

Pour l'entrée de la Loire.

CALAISON.		DISTANCE											
		de Belle-Ile au Four ou au Pilier.				du Nord du Four ou du Pilier aux Charpentiers.				des Charpentiers à Mindin ou de Mindin à Paimbœuf.			
		Prix à payer.		3 °/₀ en sus.		Prix à payer.		3 °/₀ en sus.		Prix à payer.		3 °/₀ en sus.	
mètres.	cent.	F.	C.	F.	C.	F.	C.	F.	C.	F.	C.	F.	C.
2	20 et au-dessous.	27	48	»	82	9	31	«	28	9	77	»	29
2	40	30	01	»	90	10	18	»	31	10	65	»	32
2	60	32	54	»	98	11	07	»	33	11	52	»	35
2	80	35	07	1	05	11	93	»	36	12	40	»	37
3	»	37	60	1	13	12	79	»	38	13	27	»	40
3	20	40	13	1	20	13	66	»	41	14	14	»	42
3	40	42	66	1	28	14	52	»	44	15	33	»	46
3	60	45	19	1	36	15	69	»	47	16	57	»	50
3	80	47	72	1	43	16	16	»	48	17	81	»	53
4	»	50	25	1	51	16	97	»	51	19	06	»	57
4	20	52	78	1	58	17	80	»	53	20	30	»	61
4	40	55	31	1	66	18	70	»	56	21	67	»	65
4	60	57	84	1	73	19	54	»	59	23	44	»	70
4	80	60	37	1	81	20	38	»	61	25	21	»	76
5	»	62	90	1	89	21	22	»	64	26	98	»	81
5	20	65	43	1	96	22	08	»	66	28	75	»	86
5	40	67	96	2	04	22	48	»	67	30	98	»	93
5	60	70	49	2	11	23	55	»	71	33	23	1	»
5	80	73	02	2	19	24	63	»	74	35	49	1	06
6	»	75	55	2	27	25	12	»	75	37	86	1	14
6	20	78	08	2	34	26	43	»	79	40	49	1	22
6	40	80	61	2	42	27	60	»	81	43	12	1	29

Nota. Les trois pour cent sont à ajouter au prix à payer, conformément aux articles 46 et 68.

TABLEAU N° 3.

CALAISON.		DISTANCES									
		de Nantes à Paimbœuf et vice-versâ.		de Nantes à la Basse-Indre et vice-versâ.		de Nantes à Couëron et de Paimbœuf au Pellerin et vice versâ.		de Nantes au Pellerin et de Paimbœuf à Couëron et vice-versâ.		de Paimbœuf à la Basse-Indre et vice-versâ.	
		Prix à payer.	2 % en sus.	Prix à payer.	2 % en sus.	Prix à payer.	2 % en sus.	Prix à payer.	2 % en sus.	Prix à payer.	2 % en sus.
mètres.	cent.	F. C.	F. C.	F. C.	F. C.	F. C.	F. C.	F. C.	F. C.	F. C.	F. C.
2	20 et au-dessous	15 47	» 31	6 04	» 12	7 70	» 15	9 43	» 19	11 15	» 22
2	40	17 59	» 35	7 07	» 14	8 80	» 18	10 52	» 21	12 25	» 24
2	60	19 72	» 39	8 16	» 16	9 89	» 20	11 56	» 23	13 91	» 28
2	80	23 23	» 46	9 31	» 19	11 61	» 23	13 91	» 28	16 21	» 32
3	»	27 02	» 54	11 21	» 22	13 51	» 27	15 81	» 32	18 11	» 36
3	20	31 28	» 63	13 34	» 27	15 64	» 31	17 94	» 36	20 24	» 40

Nota. Les deux pour cent sont à ajouter aux prix à payer, conformément aux articles 56 et 68.

TABLEAU N° 4.

TONNAGE.	DISTANCES																			
	de Nantes à Paimbœuf et de Paimbœuf à Nantes.				de Nantes à la Basse-Indre et de la Basse-Indre à Nantes.				de Nantes à Couëron ou de Paimbœuf au Pellerin et vice-versâ.				de Nantes au Pellerin ou de Paimbœuf à Couëron et vice-versâ.				de Paimbœuf à la Basse-Indre et de la Basse-Indre à Paimbœuf.			
	Prix à payer		2 °/. en sus		Prix à payer		2 °/. en sus		Prix à payer		2 °/. en sus		Prix à payer		2 °/. en sus		Prix à payer		2 °/. en sus	
Tonneaux de	F.	C.	F.	C.	F.	C.	F.	C.	F.	C.	F.	C.	F.	C.	F.	C.	F.	C.	F.	C.
80 à 90	32	73	»	65	12	91	»	26	16	36	»	33	19	81	»	40	23	30	»	47
91 100	34	09	»	68	13	59	»	27	17	04	»	34	20	49	»	41	23	98	»	48
101 110	35	44	»	71	14	27	»	29	17	72	»	35	21	17	»	42	24	66	»	49
111 120	36	80	»	74	14	95	»	30	18	40	»	37	21	85	»	44	25	33	»	51
121 130	38	16	»	76	15	63	»	31	19	08	»	38	22	31	»	45	26	01	»	52
131 140	39	10	»	78	16	11	»	32	19	55	»	39	23	13	»	46	26	51	»	53
141 150	40	74	»	81	16	93	»	34	20	37	»	41	23	94	»	48	27	32	»	55
151 160	42	39	»	85	17	74	»	35	21	19	»	42	24	76	»	50	28	14	»	56
161 170	44	03	»	88	18	56	»	37	22	01	»	44	25	58	»	51	28	96	»	58
171 180	45	68	»	91	19	38	»	39	22	83	»	46	26	39	»	53	29	77	»	60
181 190	47	32	»	95	20	21	»	40	23	66	»	47	27	21	»	54	30	59	»	61
191 200	48	97	»	98	21	02	»	42	24	48	»	49	28	03	»	56	31	41	»	63
201 210	50	61	1	01	21	84	»	44	25	30	«	51	28	84	»	58	32	22	»	64
211 220	52	26	1	05	22	65	»	45	26	13	»	52	29	66	»	59	33	04	»	66
221 230	53	90	1	08	23	47	»	47	26	94	»	54	30	47	»	61	33	86	»	68
231 240	55	54	1	11	24	29	»	49	27	77	»	56	31	29	»	63	34	67	»	69
241 250	57	19	1	14	25	10	»	50	28	59	»	57	32	»	»	64	36	31	»	73
251 260	58	83	1	18	25	92	»	52	29	42	»	59	32	68	»	65	37	93	»	76
261 270	60	48	1	21	26	76	»	54	30	23	»	60	33	50	»	67	39	57	»	79
271 280	62	12	1	24	27	55	»	55	31	06	»	62	34	34	»	69	41	22	»	82
281 290	63	77	1	28	28	37	»	57	31	88	»	64	35	98	»	72	43	12	»	86
291 300	65	41	1	31	29	19	»	58	32	71	»	65	37	63	»	75	45	03	»	90
301 310	67	06	1	34	30	»	»	60	33	52	»	67	39	27	»	79	48	94	»	94
311 320	68	70	1	37	30	82	»	62	34	35	»	69	40	92	»	82	48	85	»	98
321 330	70	35	1	41	31	64	»	63	35	17	»	70	42	56	»	85	50	76	1	02
331 339	71	99	1	44	32	45	»	65	35	99	»	72	44	21	»	88	52	67	1	05
340 »	82	80	1	66	36	80	»	74	41	40	»	83	49	45	»	99	57	50	1	15

De 341 et au-dessus on paiera 20 centimes par tonneau, lesquels 20 centimes seront ajoutés au prix fixé pour les bâtiments de 340 tonneaux.

Nota. Les deux pour cent sont à ajouter au prix à payer, conformémènt aux articles 56 et 68.

TABLEAU N° 5.

Tarif pour le Pilotage intérieur de la Vilaine.

CALAISON ou TONNAGE.			DISTANCES									
			de Redon à Tréhiguier et vice-versâ.		de Redon à Rieux et de Tréhiguier à la Roche-Bernard.		de Redon au Passage-Neuf et de Tréhiguier à Folleux.		de Redon à Folleux et de Tréhiguier au Passage-Neuf.		de Redon à la Roche-Bernard et de Tréhiguier à Rieux.	
	mèt.	cent.	F.	C.	F.	C.	F.	C.	F.	C.	F.	C.
BATIMENTS au-dessous du Tonnage.	2	20 et au-dessous.	15	64	6	09	7	82	11	27	12	65
	2	40	17	40	6	49	8	70	12	72	14	18
	2	60	19	16	6	89	9	58	14	17	15	71
	2	80	20	92	7	29	10	46	15	62	17	24
	3	»	22	68	7	69	11	34	17	07	18	77
	3	20	24	44	8	09	12	22	18	52	20	30
de	80 à	90	26	22	8	51	13	11	20	01	21	85
	91	100	27	60	10	35	13	80	20	70	23	»
	101	110	28	98	11	04	14	49	21	39	24	15
	111	120	30	36	11	73	15	18	22	08	25	30
	121	130	31	74	12	42	15	87	22	77	26	45
	131	140	33	12	13	11	16	56	23	46	27	60
	141	150	34	50	13	80	17	25	24	15	28	75
	151	160	35	88	14	49	17	94	24	84	29	90
	161	170	37	26	15	18	18	63	25	53	31	05
	171	180	38	64	15	87	19	32	26	22	32	20
	181	190	40	02	16	56	20	01	26	91	33	35
	191	200	41	40	17	25	20	70	27	60	34	50
	201	210	42	78	17	94	21	39	28	52	35	88
	211	220	44	16	18	63	22	08	29	44	37	26
	221	230	45	54	19	32	22	77	30	36	38	64
	231	240	46	92	20	01	23	46	31	28	40	02
	241	250	48	30	20	70	24	15	32	20	41	40
	251	260	49	68	21	39	24	84	33	12	42	55
	261	270	51	06	22	08	25	53	34	04	43	70
	271	280	52	44	22	77	26	22	34	96	44	85
	281	290	53	82	23	46	26	91	35	88	46	»
	291	300	55	20	24	15	27	60	36	80	47	15
	301	310	56	58	24	84	28	29	37	72	48	07
	311	320	57	96	25	53	28	98	38	64	48	99
	321	330	59	34	26	22	29	67	39	56	49	91
	331	340	60	72	26	91	30	36	40	48	50	83
	341	350	62	10	27	60	31	05	41	40	51	75
	351	360	63	48	28	29	31	74	42	32	52	44
	361	370	64	86	28	98	32	43	43	24	53	13
	371	380	66	24	29	67	33	12	44	16	53	82
	381	390	67	62	30	36	33	81	45	08	54	51
	391	399	69	»	31	05	34	50	46	»	55	20
	400	»	82	80	36	80	41	40	48	30	72	45

Nota. Au-dessus de 400 tonneaux on paiera 20 centimes par tonneau, lesquels 20 cent. seront ajoutés aux prix fixés pour les bâtiments de 400 tonneaux.

TABLEAU N° 6.

*Tarif pour le **Pilotage** extérieur de la Vilaine.*

CALAISON.		DISTANCES			
		de Belle-Ile à l'île du Met.		de l'île du Met à Tréhiguier.	
mèt.	cent.	F.	C.	F.	C.
1	60	19	89	12	76
1	80	22	42	14	34
2	»	24	95	15	94
2	20	27	48	17	54
2	40	30	01	19	14
2	60	32	54	20	76
2	80	35	07	22	23
3	»	37	60	23	93
3	20	40	13	25	53
3	40	42	65	27	44
3	60	45	19	29	36
3	80	47	72	31	28
4	»	50	25	33	20
4	20	52	78	35	13
4	40	55	31	37	25
4	60	57	84	39	72
4	80	60	37	42	19
5	»	62	90	44	67
5	20	65	43	47	15
5	40	67	96	49	71
5	60	70	49	52	87
5	80	73	02	56	02
6	»	75	55	58	79
6	20	78	08	62	51
6	40	80	61	66	12

TABLEAU N° 7.

Baie de Bourgneuf.

CALAISON.		DISTANCES											
		de Paimbœuf à l'entrée de la Baie.		de Mindin à l'entrée de la Baie.		de l'entrée de la Baie ou du Pilier à Bourgneuf, Bouin, Beauvoir ou Fromentine.		de l'entrée de la Baie ou du Pilier à Pornic.		de Pornic à Beauvoir ou Fromentine.		de Pornic à Bourgneuf, Bouin ou le Bois-de-la-Chaise.	
mètres.	cent.	F.	C.	F.	C.	F.	C.	F.	C.	F.	C.	F.	C.
2 et au-dessous.	20	27	32	17	54	27	32	17	54	27	32	9	77
2	40	29	78	19	14	29	78	19	14	29	78	10	65
2	60	32	26	20	73	32	26	20	73	32	26	11	52
2	80	34	73	22	33	34	73	22	33	34	73	12	40
3	»	37	20	23	93	37	20	23	93	37	20	13	27
3	20	39	67	25	53	39	67	25	53	39	67	14	14
3	40	42	77	27	44	42	77	27	44	42	77	15	33
3	60	45	93	29	36	45	93	29	36	45	93	16	57
3	80	49	09	31	28	49	09	31	28	49	09	17	81
4	»	52	26	33	20	52	26	33	20	52	26	19	06
4	20	55	43	35	13	55	43	35	13	55	43	20	30
4	40	58	91	37	25	58	91	37	25	58	91	21	67
4	60	63	16	39	72	63	16	39	72	63	16	23	44
4	80	67	40	42	19	67	40	42	19	67	40	25	21
5	»	71	64	44	66	71	64	44	66	71	64	26	98
5	20	75	90	47	15	75	90	47	15	75	90	28	75
5	40	80	70	49	71	80	70	49	71	80	70	30	98
5	60	86	10	52	87	86	10	52	87	86	10	33	23
5	80	91	51	56	02	91	51	56	02	91	51	35	49
6	»	96	65	58	79	96	65	58	79	96	65	37	86
6	20	103	01	62	51	103	01	62	51	103	01	40	49
6	40	109	25	66	12	109	25	66	12	109	25	43	12

TABLEAU N° 8.

Tarif pour l'embarquement et le transport des câbles de Paimbœuf à la rade des Charpentiers et respectivement de cette rade à Paimbœuf.

TARIF D'ÉTÉ,

Depuis le premier avril jusqu'au trente septembre.

DIMENSIONS DES CABLES.	DISTANCES. 1re	2e	3e	4e
	F. C.	F. C.	F. C.	F. C.
de 22 centimètres de circonférence et au-dessous.	11 50	16 10	20 70	25 30
22 1/3 à 27	12 65	18 40	24 15	29 90
28 32	13 80	20 70	27 60	34 50
33 38	14 05	23 »	31 05	39 10
39 43	16 10	25 30	34 50	43 70
44 49	17 25	27 60	37 95	48 30
49 54	18 40	29 90	41 40	52 90
55 et au-dessus.	20 70	34 50	48 30	62 10

TARIF D'HIVER,

Depuis le premier octobre jusqu'au trente et un mars.

DIMENSIONS DES CABLES.	DISTANCES. 1re	2e	3e	4e
	F. C.	F. C.	F. C.	F. C.
de 22 centimètres de circonférence et au-dessous.	20 70	27 60	34 50	41 40
22 1/3 à 27	24 15	32 20	40 25	48 30
28 32	27 60	36 80	46 »	55 20
33 38	31 05	41 40	51 75	62 10
39 43	34 50	46 »	57 50	69 »
44 49	37 95	50 60	63 25	75 90
49 54	41 40	55 20	69 »	82 80
55 et au-dessus.	48 30	66 70	80 50	96 60

TABLEAU N° 9.

Tarif pour la levée et le transport des ancres, depuis Paimbœuf jusqu'aux Charpentiers, ou de la rade des Charpentiers à Paimbœuf.

TARIF D'ÉTÉ,
Depuis le premier avril jusqu'au trente septembre.

POIDS DES ANCRES.	ANCRE SANS CABLES. DISTANCES. 1re	2e	3e	4e	ANCRE AVEC CABLE. DISTANCE. 1er	2e	3e	4e
	F. C.	F. C.	F. C.	F. C.	F. C.	F. C.	F. C.	F. C.
de 250 kil. et au-dessous.	11 50	16 10	20 70	25 30	16 10	21 85	27 60	33 35
250 5 à 500	12 65	18 40	24 15	29 90	18 40	25 30	32 20	39 10
500 5 750	13 80	20 70	27 60	34 50	20 70	28 75	36 80	44 85
750 5 1000	14 95	23 »	31 05	39 10	23 »	32 20	41 40	50 60
1000 5 1250	16 10	25 30	34 50	43 70	25 30	35 65	46 »	56 35
1250 5 1500	17 25	27 60	37 95	48 30	27 60	39 10	50 60	62 10
1500 5 1750	18 40	29 90	41 40	52 90	29 90	42 55	55 20	67 85
1750 5 2000 et au-dessus.	20 70	34 50	48 30	62 10	34 50	55 20	66 70	79 35

TARIF D'HIVER,
Depuis le premier octobre jusqu'au trente et un mars.

POIDS DES ANCRES.	ANCRE SANS CABLE. DISTANCES. 1er	2e	3e	4e	ANCRE AVEC CABLE. DISTANCES. 1er	2e	3e	4e
	F. C.	F. C.	F. C.	F. C.	F. C.	F. C.	F. C.	F. C.
de 250 kil. et au-dessous.	20 70	27 60	34 50	41 40	25 30	33 35	41 40	49 45
250 5 à 500	24 15	32 20	40 25	48 30	29 90	39 10	48 30	57 50
500 5 750	27 60	36 80	46 »	55 20	34 50	44 85	55 20	65 55
750 5 1000	31 05	41 40	51 75	62 10	39 10	50 60	62 10	73 60
1000 5 1250	34 50	46 »	57 50	69 »	43 70	56 35	69 »	81 65
1250 5 1500	37 95	50 60	63 25	75 90	48 30	62 10	75 90	89 70
1500 5 1750	41 40	55 20	69 »	82 80	52 90	67 85	82 80	97 75
1750 5 2000 et au-dessus.	48 30	66 70	80 50	96 60	62 10	79 35	96 60	113 85

N° 10. — SOUS-ARRONDISSEMENT DE NANTES.

Service du Pilotage.

(1) Le nom du navire.
(2) La jauge ou le tirant d'eau.
(3) Le nom du pilote.
(4) Le nom de la station.
(5) Le point où le pilote a monté à bord, et celui de l'endroit où il a quitté.
(6) Doit lui être ou lui a été.
(7) La somme en toutes lettres.
(8) Deux ou trois.
(9) Art. 46 pour le pilotage extérieur, et article 56 pour le *dito* intérieur
(10) Le nom de la personne qui doit payer le pilote.

Je soussigné, capitaine du navire (1) jaugeant (2) tonneaux tirant (2) mètres centimètres d'eau, certifie que le nommé (3) pilote d (4) a piloté mon navire d (5) à (5) et qu'il (6) payé la somme de (7).

A bord, le 18

	F.	C.
Montant du pilotage	»	»
à ajouter (8) p. % (art. (9) et 68)	»	»
Total à payer au pilote, la somme de	»	»

A le 18

Le Pilote-Major,

A M (10)
à

RÈGLEMENT

POUR

LE SERVICE DU MAT-PILOTE,

INVENTÉ PAR M. LE CAPITAINE DE CORVETTE FENOUX,

ÉTABLI

A LA POINTE DE L'ÈVE.

ARTICLE PREMIER. Le service du Mât-Pilote sera fait par les pilotes de la station de Saint-Nazaire.

Ce service ne sera confié qu'à ceux sachant lire et écrire.

ART. 2. Le pilote de garde au Mât tiendra un journal, sur lequel il indiquera les signaux faits aux bâtiments pilotés par lui.

ART. 3. Le pilote major devra, au moins une fois par mois, se rendre à la pointe de l'Eve, pour inspecter le matériel du Mât-Pilote et s'assurer que le service est bien fait.

Il consignera ses observations sur le journal.

ART. 4. Le pilote de garde au Mât-Fenoux, devra surveiller tous les bâtiments en vue, et s'il s'apercevait que l'un d'eux eût besoin de son secours, il le piloterait au moyen des signaux indiqués dans l'instruction rédigée par l'inventeur du Mât.

ART. 5. Le pilotage fait par le Mât-Fenoux ne donnera droit à aucune rétribution de la part du Commerce.

ART. 6. Il sera alloué, à titre d'indemnité, une somme de douze cents francs par an, qui sera répartie entre tous les pilotes qui auront fait le service au Mât-Fenoux.

ART. 7. Le pilote major à Saint-Nazaire réglera le rang des pilotes qui seront chargés du service du Mât-Fenoux. Lorsque le tour de l'un d'eux sera arrivé, il recevra l'ordre par écrit de se rendre à la pointe de l'Eve. Cet ordre indiquera le jour et l'heure à laquelle le pilote devra être rendu. Celui qui sera remplacé devra, avant de quitter le service, inscrire sur le journal l'heure à laquelle son remplaçant sera arrivé.

Art. 8. Tout pilote chargé du service du Mât, qui ne se sera pas rendu à son poste ou qui l'aura quitté sans avoir été remplacé, sera cassé.

Art. 9. Le chef du service de la marine, à Nantes, donnera les instructions de détail qu'il croira nécessaires dans l'intérêt du service.

Arrêté par nous, membres du Conseil d'administration du port de Lorient, en séance, le 11 novembre 1842.

Signé : Th. SGANZIN, A. CARTAUL DE LA VERRIÈRE, CRISTY DE LA PALLIÈRE, ALEXANDRE, BROU, M^{er} DEFRESNE et SÉVIN.

Le Secrétaire du Conseil,

Signé : Louis DE BEAUFOND.

Vu, pour être annexé à l'ordonnance du 5 mai 1843.

Le Ministre Secrétaire d'Etat de la Marine et des Colonies,

Signé : Amiral ROUSSIN.

ORDONNANCE DU ROI.

Paris, le 5 mai 1843.

LOUIS-PHILIPPE, Roi des Français,

A tous présents et avenir salut.

Sur le rapport de notre ministre, secrétaire d'État au département de la Marine et des Colonies ;
Vu la loi du 15 août 1792 sur le pilotage ;
Vu les articles 41 et 42 du décret du 12 décembre 1806, portant réglement sur le service des pilotes lamaneurs,

NOUS AVONS ORDONNÉ ET ORDONNONS ce qui suit :

Article premier. Les réglements et tarifs de pilotage arrêtés, le 11 novembre 1842, par le conseil d'administration, séant au chef-lieu de troisième arrondissement maritime, pour l'embouchure et l'intérieur de la Loire, pour les ports de Lorient, Port-Louis, Concarneau, Vannes et Auray, sont approuvés, ainsi que les réglements y annexés, relatifs au service des Mâts-Pilotes, situés l'un à la pointe de l'Eve, l'autre au Port-Louis.

Lesdits réglements et tarifs seront exécutés selon leur forme et teneur, jusqu'à ce qu'ils aient été légalement renouvelés, et il sera procédé à leur révision dans l'année 1849, à moins que des circonstances extraordinaires ne rendent nécessaire de devancer cette époque.

Art. 2. Notre ministre, secrétaire d'État au département de la Marine et des Colonies, est chargé de l'exécution de la présente ordonnance.

A Paris, le 5 mai 1843.

Signé : LOUIS-PHILIPPE,

Par le Roi.

Le Ministre, secrétaire d'État de la Marine et des Colonies,

Signé : Amiral ROUSSIN.

Pour copie conforme :

Le Ministre, secrétaire d'État de la Marine et des Colonies,

Signé : Amiral ROUSSIN.

Nantes, Imprimerie de FOREST, quai de la Fosse, N° 2.

www.ingramcontent.com/pod-product-compliance
Ingram Content Group UK Ltd.
Pitfield, Milton Keynes, MK11 3LW, UK
UKHW012120240726
13965UKWH00005B/1862

9 782013 043038